DÉPÔT LÉGAL
188
AF701243
8° F
3597

de la Revue Internationale du Commerce, de l'Industrie et de la Banque

LE NOUVEAU TARIF GÉNÉRAL DES DOUANES SUISSES

BIBLIOTHÈQUE NATIONALE IMPRIMÉS

PAR

M. Julien HAYEM

PARIS
LIBRAIRIE GUILLAUMIN ET Cie
14, RUE RICHELIEU, 14

MDCCCCIII

Extrait de la Revue Internationale du Commerce, de l'Industrie et de la Banque

LE NOUVEAU TARIF GÉNÉRAL DES DOUANES SUISSES

BIBLIOTHÈQUE NATIONALE R.F. IMPRIMÉS

PAR

M. Julien HAYEM

PARIS
LIBRAIRIE GUILLAUMIN ET Cie
14, RUE RICHELIEU, 14

MDCCCCIII

8° F 3597

LE NOUVEAU TARIF GÉNÉRAL

DES DOUANES SUISSES (1)

I

Les relations commerciales entre la France et la Suisse, au point de vue douanier, furent régies depuis 1864 par un traité de commerce en tous points semblable aux traités signés avec l'Angleterre en 1860 et avec la Belgique en 1861, véritables traités-types et établissant le régime de la nation la plus favorisée.

En 1881, de nouveaux traités furent signés entre les deux Républiques, et pour ce qui concerne la Suisse, sans changements sérieux.

A partir de janvier 1893, les relations économiques franco-suisses furent réglementées en France par le Tarif Général, en Suisse par un Tarif spécial différentiel.

C'était entre les deux pays un véritable état de lutte et de représailles. On ne saurait indiquer exactement laquelle des deux nations a le plus sérieusement souffert de cette dure et trop longue épreuve ; mais on peut sans crainte d'être démenti, et au nom des industriels et des commerçants français et suisses, dire avec le poète :

« Ils ne mouraient pas tous, mais tous étaient frappés. »

Grâce aux efforts de quelques Français appartenant à une association privée ; grâce à leur action combinée avec celle d'hommes politiques considérables, grâce à une salutaire et patriotique agitation répandue dans le monde des

(1) Ce travail a été communiqué à la Société des Industriels et des Commerçants de France dans sa séance du 24 mai dernier et approuvé à l'unanimité.

affaires, grâce aussi au bon vouloir des représentants autorisés de la Confédération, des relations furent renouées, des pourparlers s'engagèrent et aboutirent à une convention stipulant pour les deux pays la concession réciproque des tarifs les plus réduits.

Bien plus, le tarif minimum français du 11 janvier 1892 fut réduit sur un certain nombre d'articles, conformément aux demandes du Gouvernement suisse par une loi du 16 août 1895. Pour tous les articles non modifiés, le tarif minimum français du 11 janvier 1892 a été rendu applicable aux importations de la Confédération, par un décret rendu à la même date du 16 août 1895, et cela, en vertu des pouvoirs conférés au Gouvernement français par la loi du 29 décembre 1891.

De son côté le Conseil fédéral, autorisé par un arrêté fédéral du 16 août 1895, a rendu à la même date un arrêté qui admet les importations de France en Suisse au bénéfice du « tarif d'usage », c'est-à-dire du tarif applicable aux produits des pays avec lesquels la Suisse est liée par des traités de commerce et des tarifs conventionnels.

La convention franco-suisse ne déterminant aucune durée fixe : chaque partie peut le dénoncer quand bon lui semblera. Elle suivra donc fatalement le sort des traités à tarifs conclus par la Suisse avec l'Allemagne, l'Autriche-Hongrie, l'Italie, la Norvège et l'Espagne.

L'arrangement franco-suisse, à la différence du premier projet qui visait 55 articles réduisant le tarif minimum en faveur de la Suisse et qui, par cela même, avait été rejeté par le Parlement, ne modifia plus que 30 articles. En défendant ce traité, M. Méline disait avec amertume : « Nous ne nous dissimulons pas que ce que les Suisses nous demandent encore aujourd'hui, malgré l'énorme réduction de leurs prétentions premières, constitue pour nous un sacrifice considérable, si considérable que nous ne le ferions certainement pour personne autre. Il ne s'agit de rien moins, en effet, que de diminuer les droits de notre tarif minimum, qui n'ont cependant rien d'excessif et dont quelques-uns sont plutôt insuffisants. »

Ainsi que le fait si justement remarquer notre éminent collaborateur, M. Yves Guyot : « M. Méline reconnaissait explicitement qu'il s'agissait de porter la main sur le sacro-saint tarif minimum, de manquer de respect à son œuvre, à cet édifice si laborieusement construit, à cette barrière si péniblement élevée par lui entre la production étrangère et la consommation française. Il le reconnaissait, et cependant il s'inclinait.

Après avoir revendiqué très haut la liberté des tarifs, il consentait à la perdre ; de plus et depuis, la France a négocié de nouvelles conventions.

L'arrangement franco-suisse est une démonstration de l'absurdité de ce tarif minimum, qui ne peut servir que de base des négociations ; et, dans ce cas, sa rigidité ne doit-elle pas s'atténuer ou disparaître ? »

II

En vue de l'échéance des traités de commerce et des conventions qui expirent à la fin de cette année, à la suite et à l'exemple de l'Allemagne et des autres pays qui ont élaboré leurs tarifs généraux douaniers ultra-protectionnistes, les Suisses ont proposé un projet de Tarif général.

Dès le printemps de 1898, le Département du commerce, de l'industrie et de l'agriculture, chargé par le Conseil fédéral de la rédaction d'un projet de tarif douanier, se mit en rapport avec les trois grandes associations économiques dont les sections comprenaient presque toutes les branches de l'activité industrielle de la Confédération : l'Union Suisse des paysans ; l'Union Suisse des arts et métiers ; l'Union Suisse du commerce et de l'industrie : de cette collaboration est sorti le projet du 10 octobre 1902.

Le Conseil fédéral a soumis ce projet à tous les électeurs suisses par la voix du *referendum*.

Sur 550.000 votants le projet a été adopté par 326.243 oui contre 222.952 non.

Voici le tableau de répartition des votes dans les villes les plus importantes :

	Oui	Non
Genève . . .	1.095	15.358
Bâle	3.732	10.077
Berne	3.768	5.105
Lausanne. . .	2.107	2.951
Lucerne . . .	1.684	3.059
Zurich. . . .	10.875	10.241

C'est, on le voit, le vote des campagnes qui a entraîné l'adoption du nouveau tarif. Dans les villes, sauf à Zurich et encore à une faible majorité, le refus du nouveau tarif l'emporta.

C'est là un rude désappointement pour ceux qui avaient confiance dans le bon esprit du peuple souverain et qui supposaient qu'une démocratie aussi ancienne que la Suisse comprendrait mieux son intérêt et les exigences des relations internationales! Quel avantage pour ce petit pays de s'entourer de si hautes barrières ! Sa production personnelle intérieure peut-elle compenser la perte de débouchés pour ses produits ?

Quoi qu'il en soit, le vote est acquis. Que va devenir la convention conclue le 25 juin 1895 ? L'augmentation des droits proposés est formidable.

Avant d'examiner dans ses détails la loi douanière du 10 octobre 1902, il n'est pas inutile de s'arrêter, pendant quelques instants, sur les principes posés dans les « Dispositions générales » qui servent de préface à cette loi.

L'article 4 admet deux principes rigoureux que nous copions textuellement.

« Le Conseil fédéral peut en tout temps augmenter, dans la mesure qu'il jugera utile, les droits du tarif général applicables aux produits d'États qui frappent les marchandises suisses de droits particulièrement élevés, ou qui les traitent moins favorablement que celles des autres États. Dans les cas où la présente loi prévoit la franchise, le Conseil fédéral peut établir des droits.

« D'une manière générale, le Conseil fédéral est autorisé, dans les cas où des mesures arrêtées par l'étranger sont de nature à entraver le commerce suisse et dans ceux où l'effet des droits de douane suisse est paralysé par des primes d'exportation ou faveurs analogues, à prendre les dispositions qui lui paraîtront appropriées aux circonstances. »

Le premier principe émis dans la première partie de l'article, donne un droit exorbitant, presque léonin, au Conseil fédéral. Il peut, en vertu de cet article, prendre toutes les mesures vexatoires qu'il jugera utiles et arriver à empêcher l'importation de certains articles en les frappant de droits hors de toute proportion.

D'autre part, cet article consacre, tant dans la première partie du texte que dans les principes de la deuxième partie, pour la Confédération helvétique, la faculté d'établir des COUNTERVAILING DUTIES ou droits compensateurs.

Il est bien certain que c'est à la suite de la Conférence de Bruxelles sur le régime des sucres et des solutions qui y ont été adoptées qu'est entré en vigueur et que passera dans la pratique le principe des droits compensateurs.

La Commission internationale, composée des délégués des divers États contractants, avait reçu pour mission :

« A. De constater si dans les États contractants il n'était accordé aucune prime directe ou indirecte à la production ou à l'exportation des sucres ;

C. De constater l'existence des primes dans les pays non signataires, d'en évaluer le montant en vue de l'application de l'article 4. »

Ne résulte-t-il pas ainsi, sans contestation possible, que les lois et les conventions douanières peuvent être singulièrement affectées et modifiées par la création de primes directes ou indirectes aux nationaux en vue des affaires d'exportation et à l'effet d'empêcher les droits de douane d'agir contre les produits étrangers frappés de droits trop souvent prohibitifs ?

Comme l'a fort bien dit M. Smeet de Naeyer dans son discours de clôture de la Conférence sucrière, les primes représentent non seulement le protectionnisme, mais le protectionnisme agressif. C'est ce que faisait très remarquablement observer M. Yves Guyot dans son excellent rapport présenté au congrès d'Ostende sur le caractère et le développement des traités de commerce.

Voici comment s'exprimait notre éminent collègue (1) :

« Toute intervention de l'État en matière économique provoque d'autres interventions, soit dans l'État lui-même, soit d'États étrangers et elle les justifie.

Le libre-échange implique que l'industrie et le commerce seront laissés à eux-mêmes ; que leurs bénéfices doivent résulter de la différence du prix de revient des objets produits et de leur prix de vente ; que ce prix de revient doit être, selon l'expression anglaise, leur prix naturel.

Si ce prix de revient est faussé par le concours des pouvoirs publics, il justifie des droits compensateurs.

Admettons qu'un pays veuille tuer l'industrie d'un autre pays par des primes. Ce dernier se laissera-t-il faire ? Si on ne se place qu'au point de vue du bon marché momentané qui en résultera, on peut répondre qu'il doit accepter cette situation ; on peut même montrer les avantages qui en résulteront. On a dit, par exemple, que si les primes sur les sucres données par certaines nations du continent avaient ruiné les raffineries de sucre anglaises et les fabriques de sucre de West-India, elles avaient développé les industries des confiseurs, des fabricants de biscuits et de confitures. C'est exact; mais alors on en revient à une nouvelle forme de l'intervention de l'État, celui-ci consentant à la ruine de certaines industries qui vivaient par elles-mêmes, pour favoriser d'autres industries n'existant que grâce aux libéralités des nations étrangères.

J'ai été étonné de voir des partisans des traités de commerce et, par conséquent, de la clause de la nation la plus favorisée, combattre les countervailing duties, les droits

---

(1) *Revue Internationale du Commerce et de l'Industrie*. 31 juillet 1902, page 42.

compensateurs, contre les primes directes et indirectes des sucres.

Cependant ils sont, selon l'expression de sir Nevile Lubbock, « la clause pénale » qui sert de sanction à la convention de Bruxelles du 5 mars 1902.

En droit privé, toute rupture de contrat comporte une sanction, les countervailing duties ne sont qu'une sanction. »

Notons encore dans les dispositions générales du Tarif suisse l'article 6 ainsi conçu :

« Le Conseil fédéral statuera d'autres exceptions tendant à réduire ou à supprimer les droits dans le tarif de perfectionnement. Ces exceptions ne seront accordées que si elles sont commandées par des intérêts spéciaux de l'industrie, si aucun intérêt majeur ne s'y oppose et à la condition que la nature essentielle de la marchandise ne soit pas altérée par le travail de perfectionnement.

« Ces dispositions s'appliquent tant au trafic de perfectionnement actif et en transit, soit aux produits importés temporairement de l'étranger en Suisse pour y être perfectionnés ou réparés, qu'au trafic de perfectionnement passif, soit aux produits exportés temporairement de Suisse à l'étranger pour y être perfectionnés ou réparés. »

Voilà une innovation qui permet une grande élasticité et offre de réels dangers.

Plus loin, l'article 14 s'exprime ainsi :

« Le Conseil fédéral est autorisé à réduire, sous réserve de pouvoir revenir en tout temps sur la réduction qu'il aura accordée, la finance de statistique à percevoir, dans le trafic par chemins de fer, sur les wagons complets chargés d'une seule marchandise et à désigner les catégories de marchandises auxquelles devra s'appliquer cette réduction de taxe. »

Ainsi on peut détaxer une marchandise, et lorsque cette marchandise doit entrer avec la détaxe, le Conseil fédéral revient au tarif primitif, ou augmente ce tarif, selon les besoins de la cause, pour sauvegarder les intérêts suisses quand il le juge convenable. C'est là encore un principe qui rend les échanges craintifs et dispose peu le commerce et l'industrie à importer dans des centres où ils risquent de se trouver exposés à un droit prohibitif qui peut présenter des difficultés parfois insurmontables à l'écoulement de produits.

En dehors de ces « dispositions générales », on voit apparaître dans le nouveau tarif des idées préconçues et d'un caractère nettement rétrograde, au service et pour la réalisation desquelles sont imaginées des « positions » aussi nombreuses et variées que possible.

Le Conseil fédéral, il est vrai, exonère ou frappe de droits insignifiants les matières premières servant à l'industrie en Suisse, il ne modifie pas les droits sur les céréales, la Suisse ayant à faire appel aux autres nations à cet égard ! Par contre il augmente dans des proportions parfois exorbitantes, souvent inouïes, toujours excessives, plusieurs classes de produits, notamment les objets fabriqués. Les vins sont durement frappés : les raisins de même ! Les viandes, les animaux subissent des droits très élevés. Pour les produits fabriqués il y a, nous insistons sur ce point, une spécialisation très notable, et qui complique singulièrement les transactions commerciales. En ce qui concerne l'horlogerie la façon dont le nouveau tarif est libellé continue à constituer en faveur de cette industrie de véritables droits prohibitifs.

III

Sans nous attarder davantage, passons à l'examen des droits établis par la loi du 10 octobre 1902. Nous comparerons aux anciens droits de la loi du 10 avril 1891 les droits actuels sur les articles les plus importants au point de vue commercial, et nous ferons ressortir l'augmentation dont ils sont passibles en vertu de la nouvelle loi.

I. — *Comestibles, boissons, tabacs.*

Nos du nouveau tarif	Désignation	Base	T. G. ancien	T. G. nouveau	Augmentation
—	—	—	— Fr.	— Fr.	—
31.	Raisins frais de table.	100 kil.	5	10	100 %
32.	Raisins pour pressurage	»	5	25	400 %
33.	Raisins secs	»	20	50	150 %
55.	Café torréfié.........	»	5	10	100 %
71.	Miel................	»	15	40	165 %
76.	Viande de boucherie fraîche	»	6	17	180 %
77.	Viande salée.........	»	8	20	150 %
80.	Charcuterie..........	»	25	35	40 %
82.	Conserves de gibier...	»	12	20	80 %
83.	Volailles vivantes	»	6	15	150 %
84.	Volailles mortes......	»	12	20	50 %
86.	Œufs...............	»	4	5	20 %
98.	Fromages à pâte molle.	»	10	20	100 %
99.	Fromages à pâte dure.	»	6	12	100 %
106.	Levure de bière comprimée............	»	16	20	40 %
110.	Carottes et andouilles pour la fabrication du tabac à priser...	»	50	60	20 %
112.	Cigares	»	150	200	25 %
114.	Bières en fût.........	»	5	6	20 %
115.	Bières en bouteilles...	»	10	12	20 %
117.	Vins en fûts naturels..	»	6	20	325 %
119.	Vins en fûts artificiels.	»	12	60	500 %
119.	Vins en bouteilles naturels	»	25	35	40 %
120.	Vins en bouteilles artificiels............	»	50	100	100 %
121.	Vins mousseux.......	»	40	60	50 %
126.	Eaux-de-vie en fûts..	»	0.20	0.40	100 %
127.	Eaux-de-vie en bouteilles.............	»	30	40	30 %
128.	Liqueurs	»	30	40	30 %
129.	Vermout............	»	30	40	30 %

II. — *Animaux et matières animales. Engrais et déchets de provenance animale.*

Nos du nouveau tarif	Désignation	Base	T. G. ancien	T. G. nouveau	Augmentation
—	—	—	— Fr.	— Fr.	—
132.	Chevaux et poulains..	Pièce	3	10	230 %
136.	Bœufs..............	»	30	50	70 %
137.	Taureaux...........	»	25	50	100 %
138.	Vaches.............	»	25	50	100 %
141.	Veaux gras de plus de 60 kilog..........	»	10	20	100 %
142.	Autres.............	»	6	25	320 %
143.	Porcs de plus de 60 kil.	»	8	15	90 %
144.	Porcs jusqu'à 60 kil..	»	8	20	150 %
147.	Ruches d'abeilles.....	»	0.20	2	1000 %

III. — *Cuirs et peaux. Chaussures.*

175.	Cuirs tannés.........	100 kil.	12	15	20 %
177.	Cuirs forts..........	»	8	24	200 %
181.	Cuirs pour harnais....	»	16	30	90 %
187.	Parties de cuirs autres que pour chaussures.	»	35	45	35 %
200.	Chaussures soie ou velours avec semelles cuir..............	»	130	200	70 %

IV. — *Plantes.*

208.	Arbres et plantes en pots..............	100 kil.	2	7	250 %

V. — *Bois.*

259.	Ouvrages de menuisier. Meubles bruts......	»	15	25	70 %
260.	Autres..............	»	15	35	130 %
263.	Meubles sculptés.....	»	50	70	40 %
264.	Autres ciselés, etc ...	»	50	80	60 %
283.	Brosserie fine........	»	70	100	30 %

VI. — *Papiers et produits des arts graphiques.*

Nos du nouveau tarif	Désignation	Base	T. G. ancien	T. G. nouveau	Augmentation
—	—	—	— Fr.	— Fr.	—
290.	Matière pour la fabrication du papier blanchie	100 kil.	1.20	3	240 %
292.	Carton gris..........	»	5	7	40 %
302.	Enveloppes en boîtes..	»	30	80	170 %
335.	Livres de commerce...	»	60	80	30 %

VII. — *Matières textiles; confection.*

345.	Ouate de coton blanchie	100 kil.	5	40	800 %
347.	Fils jusqu'au n° 19 — (coton)...........	»	7	16	120 %
348.	Fils du n° 28 au n° 119.	»	7	20	180 %
357.	Fils teints imprimés...	»	12	20	70 %
360.	Tissus de coton pesant 12 kilos...........	»	10	30	200 %
364.	Tissus de coton blanchis...............	»	45	50	10 %
375.	Tissus de dentelles....	»	30	60	100 %
376.	Tissus de plumetis....	»	30	60	100 %
378.	Couvertures	»	40	80	100 %
379.	Couvertures avec passementerie.........	»	60	90	50 %
380.	Châles, foulards, fichus.	»	70	90	25 %
381.	Rubanerie coton......	»	70	100	30 %
397.	Fils de lin jusqu'au n° 5.	»	1.50	4	135 %
407.	Fils écrus de 9 à 12...	»	15	20	35 %
408.	Fils écrus de 13 à 20..	»	15	45	200 %
409.	Fils écrus de 20 à 35..	»	60	90	50 %
410.	Fils écrus au-dessus de 35................	»	60	150	150 %
419.	Rubanerie fil.........	»	60	100	70 %
420.	Passementerie........	»	60	100	70 %
423.	Ouvrages de cordier...	»	12	20	70 %

Nos du nouveau tarif	Désignation	Base	T. G. ancien	T. G. nouveau	Augmentation
—	—	—	—	—	—
			Fr.	Fr.	
429.	Nattes non tissées.....	100 kil.	12	15	30 °/o
443.	Soies écrues	»	60	75	25 °/o
444.	Soies teintes.........	»	60	100	70 °/o
445.	Soies pour vente et en détail.............	»	60	120	100 °/o
449.	Rubans de soie.......	»	100	300	200 °/o
450.	Passementerie soie....	»	100	300	200 °/o
451.	Broderies soie........	»	180	300	70 °/o
452.	Dentelles soie........	»	180	300	70 °/o
460.	Fils de laine simples..	»	7	8	15 °/o
461.	Fils de laine à plusieurs bouts............	»	8	10	20 °/o
466.	Fils de laine blanchis à plusieurs bouts.....	»	20	22	10 °/o
471.	Tissus de laine cardée.	»	30	60	100 °/o
472.	Tissus de laine peignée.	»	50	90	80 °/o
474.	Tissus de laine blanchis plus de 300 gr......	»	120	140	20 °/o
475.	Tissus de laine blanchis moins de 300 gr....	»	120	180	60 °/o
479.	Couvertures laine.....	»	40	80	100 °/o
480.	Couvertures laine avec passementerie......	»	70	90	30 °/o
481.	Tapis de pied non tissés.	»	40	60	50 °/o
482.	Tapis de pied autres...	»	70	100	30 °/o
483.	Châles, écharpes, foulards..............	»	125	180	55 °/o
484.	Rubanerie laine......	»	125	180	55 °/o
485.	Passementerie........	»	125	180	55 °/o
486.	Broderies............	»	150	180	20 °/o
487.	Dentelles............	»	150	180	20 °/o
489.	Etoffes en feutre......	»	20	40	100 °/o
493.	Ouvrages feutre blanchis...............	»	50	60	15 °/o
530.	Chemises............	»	120	180	50 °/o
531.	Cols de chemises.....	»	120	180	50 °/o
533.	Lingerie de soie......	»	300	500	70 °/o
535.	Corsets de coton.....	»	120	180	50 °/o

Nos du nouveau tarif	Désignation	Base	T. G. ancien	T. G. nouveau	Augmentation
—	—	—	—	—	—
			Fr.	Fr.	
536.	Corsets autres........	100 kil.	120	300	250 %
537.	Gants coton..........	»	80	300	260 %
538.	Bas coton...........	»	80	150	90 %
539.	Autres articles coton..	»	80	150	90 %
540.	Gants soie...........	»	250	500	100 %
541.	Bas soie.............	»	250	400	60 %
542.	Autres articles soie...	»	250	300	20 %
543.	Gants laine..........	»	120	250	110 %
544.	Bas laine............	»	120	200	60 %
545.	Autres articles laine..	»	120	200	60 %
546.	Vêtements hommes, coton................	»	120	150	20 %
547.	Vêtements hommes, soie	»	120	400	240 %
548.	Vêtements hommes, laine..............	»	120	300	150 %
549.	Vêtements dames, coton	»	120	200	70 %
550.	Vêtements dames, soie.	»	120	500	220 %
551.	Vêtements dames, laine	»	120	300	150 %
552.	Vêtements dames, brodés, dentelles......	»	300	500	65 %
553.	Cravates tout genre...	»	300	400	35 %
563.	Chapeaux paille non garnis.............	»	100	175	75 %
564.	Chapeaux feutre poils.	»	100	250	150 %
565.	Chapeaux feutre laine.	»	100	175	75 %
566.	Chapeaux autres......	»	100	175	75 %
567.	Chapeaux paille garnis.	»	200	250	20 %
568.	Chapeaux feutre poils.	»	200	375	85 %
569.	Chapeaux feutre laine.	»	200	300	50 %
570.	Chapeaux autres......	»	200	275	35 %
571.	Fourrures............	»	250	350	40 %
572.	Fleurs artificielles.....	»	250	400	60 %
574.	Articles de mode......	»	200	400	100 %
576.	Parapluies soie.......	»	100	200	100 %
577.	Parapluies autres.....	»	40	80	100 %
584.	Bâches finies........	»	25	50	100 %

BIBLIOTHÈQUE NATIONALE R.F. IMPRIMÉS

VIII. — *Matières minérales.*

Nos du nouveau tarif	Désignation	Base	T. G. ancien Fr.	T. G. nouveau Fr.	Augmentation
607.	Ardoises pour toitures.	100 kil.	1	2	100 %
608.	Ardoises en dalles....	»	3	4	50 %
618.	Ciment romain.......	»	0.50	1	100 %
619.	Ciment portland......	»	0.80	1	20 %

IX. — *Argiles, grès, poteries.*

647.	Tuiles brutes.........	100 kil.	0.60	1.25	110 %
660.	Briques réfractaires...	»	0.50	1.25	150 %
674.	Installations lieux d'aisance grès.........	»	12	18	50 %

X. — *Verres.*

705.	Glaces, moins 18 décimètres carrés......	100 kil.	16	30	90 %
706.	Glaces au-dessus de 18 décimètres carrés...	»	40	60	50 %

XI. — *Métaux.*

734.	Rails de chemins de fer non percées.....	100 kil.	1.70	2	30 %
810.	Coutellerie..........	»	50	85	65 %
811.	Armes finies.........	»	60	100	65 %
820.	Cuivre argenté et doré.	»	60	80	35 %
851.	Ouvrages en zinc brut.	»	15	20	35 %
857.	Ouvrages en étain brut	»	10	25	150 %
858.	Ouvrages en étain poli.	»	50	60	20 %
863.	Aluminium battu.....	»	3	10	220 %
866.	Aluminium pour tous usages............	»	40	70	70 %

XII. — *Machines.*

Nos du nouveau tarif	Désignation	Base	T. C. ancien	T. C. nouveau	Augmentation
—	—	—	— Fr.	— Fr.	—
881.	Chaudières à vapeur fer	100 kil.	4	8	100 %
882.	Chaudières autres métaux que fer........	»	4	50	
883.	Locomotives à vapeur.	»	10	12	20 %
884.	Machines pour filatures	»	4	8	100 %
885.	Machines à tisser.....	»	4	8	100 %
886.	Autres machines pour le tissage..........	»	4	10	150 %
887.	Machines à tricoter...	»	4	15	280 %
888.	Machines à broder....	»	4	10	150 %
889.	Machines à coudre ...	»	4	20	400 %
903.	Courroies de transmission	»	20	30	50 %
905.	Tombereaux et brouettes................	»	6	8	30 %
908.	Traîneaux	»	6	8	35 %
909.	Traîneaux pour malades	»	20	40	100 %
911.	Fauteuils roulants	»	20	30	50 %
919.	Wagons à marchandises	»	5	8	60 %

XIII. — *Horlogerie. Instruments.*

957.	Pianos	100 kil.	35	55	55 %
958.	Orgues d'église.......	»	35	50	40 %
965.	Boîtes à musique.....	»	50	60	10 %
946.	Microscopes et lunettes	»	80	100	20 %

XIV. — *Drogueries, produits chimiques.*

968.	Huiles non travaillées.	100 kil.	10	20	100 %
969.	Huiles et essences....	»	50	70	45 %

Nos du nouveau tarif	Désignation	Base	T. G. ancien	T. G. nouveau	Augmentation
			Fr.	Fr.	
982.	Parfumeries et cosmétiques en récipients plus de 1 kilog.....	100 kil.	50	75	50 %
983.	Parfumeries et cosmétiques en récipients moins de 1 kilog....	»	100	125	25 %
1076.	Gélatine colle........	»	7	10	45 %
1083.	Dynamite............	»	50	70	45 %
1085.	Mèches de mineurs ...	»	50	60	10 %
1086.	Allumettes bougies...	»	40	60	50 %
1098.	Couleurs aniline......	»	0.20	10	50 %
1100.	Céruse..............	»	4	5	20 %
1142.	Savons..............	»	40	50	25 %
1143.	Cirage..............	»	7	25	250 %

XV. — *Articles non dénommés.*

1145.	Quincaillerie, mercure, fantaisies..........	100 kil.	50	60	10 %
1146.	Bijouterie fausse.....	»	200	300	50 %
1152.	Articles de voyage cuir.	»	70	100	45 %

Les droits absolument prohibitifs dont nous avons fourni un assez grand nombre d'exemples ont déjà été l'objet de protestations très vives de la part de certaines associations. Ainsi la Chambre de Commerce de Grenoble s'est élevée contre les nouveaux droits qui grèvent la chaux hydraulique et le ciment romain frappés en 1895 de 5 francs par tonne et dans le nouveau tarif de 7 francs et les ciments portlands et autres ciments dont le droit actuel de 7 francs a été élevé à 10 francs ! Les ciments à prise rapide et portlands importés en Suisse par les fabricants de l'Isère correspondent à 20 ou 25.000 tonnes par an, soit environ 15 0/0 de la production totale du département. La Chambre de Commerce de Grenoble considère les nouveaux droits comme absolument prohibitifs et demande que si la Suisse ne consent pas « le tarif d'usage » réduit, le gouvernement français use de réciprocité en frappant de droits équivalents, soit 10 francs par tonne, les portlands suisses qui pénètrent en France par Vallorbes et les Verrières (1).

Pour les ciments il ne s'agit que d'une augmentation de 20 à 30 0/0 !

On se rappelle quelle émotion a soulevée, il y a quatre ans, dans le monde des affaires, une proposition de loi ayant pour objet de modifier le tarif douanier sur les tissus de soie pure. Il s'agissait d'appliquer à tous les tissus de soie pure, d'origine européenne, un droit minimum de 7 fr. 50 par kilogramme pour tous les tissus sans exception — écrus ou teints — au lieu de 4 francs, 2 fr. 40 et 2 francs.

Dès que cette proposition fut connue, la majorité des fabricants lyonnais, la Chambre de Commerce de Lyon, et des associations importantes (au nombre et au premier rang desquelles figurait la Société des industriels et des commerçants de France), s'empressèrent de protester et de mener une campagne des plus ardentes et des plus persévéramment acharnées. Or, quel fut le principal argument des défenseurs des idées libérales pendant toute cette campagne? Ce fut le danger d'une rupture avec la Suisse. En effet, à peine la convention de 1895 venait-elle d'être signée, il s'agissait sur un des principaux articles formant un objet d'échange entre les deux républiques, d'appliquer un droit majoré de nature à troubler les relations renaissantes ! N'était-ce pas déclarer ou déchaîner une guerre douanière mortelle entre les deux pays. Et combien néfastes devaient en être les conséquences ! Le passé répondait de l'avenir !

Les propositions de lois de MM. Bonnard et Florent et de M. Rajon ne furent heureusement pas ratifiées par le

---

(1) Voir l'*Extrait du Registre des Délibérations de la Chambre de Commerce de Grenoble*. Séance du 30 octobre 1902.

vote du Parlement. Elles eurent toutefois l'avantage de démontrer que la grande majorité des Français avaient pris au sérieux la convention franco-suisse et entendaient que rien au monde ne vînt en modifier le caractère, en atténuer les effets ou en compromettre la durée.

Eh bien, dans l'établissement de son Tarif général, la Suisse donne-t-elle la preuve des mêmes scrupules; obéit-elle aux mêmes sentiments ou vise-t-elle aux mêmes fins ?

D'un seul trait de plume elle porte les anciens droits sur les soies écrues, de 60 francs à 75 francs, et les soies teintes, de 60 francs à 100 francs. Pour les soies écrues, il y a une augmentation de 25 0/0, et pour les soies teintes de 70 0/0. Nous savons bien qu'il ne s'agit toujours que du Tarif général, mais n'est-on pas autorisé à penser que dans cette augmentation très élevée et *différente* entre deux droits autrefois identiques, il y a une indication fournie sinon une injonction imposée aux futurs négociateurs?

Le désir d'augmenter tous les droits sur la soie et les produits de la soie n'apparaît-il pas très nettement, trop clairement dans des majorations telles que celles des soies pour vente au détail élevées de 60 francs à 120 francs, c'est-à-dire augmentées de 100 0/0, et celles des rubans et des passementeries de soie grevés de droits autrefois de 100 francs et dans l'avenir de 300 francs, c'est-à-dire augmentés de 200 0/0? De pareils chiffres ne semblent-ils pas monstrueux !

Mais revenons à l'examen de ce qu'ont été depuis plus d'un demi-siècle les relations économiques de la France et de la Suisse. Nos lecteurs ne nous en voudront pas de faire passer sous leurs yeux bon nombre de statistiques dont nos différentes industries peuvent tirer d'utiles enseignements.

IV

Dans les quarante-cinq années écoulées de 1847 à 1891, la Suisse est la seule nation européenne qui nous ait constamment acheté plus qu'elle nous a vendu.

Elle nous a versé dans ces quarante-cinq années plus de 4 milliards et demi de francs (4.566.600.000 fr.) pour solde de compte de nos échanges commerciaux.

	La Suisse		
	Nous ayant acheté pour	Nous ayant vendu pour	Nous a payé pour solde de compte
	—	—	—
En 1847..........	34 mill. 1	26 mill. 5	7 mill. 6
En 1848..........	39 — 4	13 — 4	26 — »
En 1849..........	46 — 1	22 — 1	24 — »
En 1850..........	50 — 2	23 — 7	26 — 5
De 1851 à 1860...	824 — »	442 — 3	381 — 7
De 1861 à 1870...	2.133 — 4	928 — 3	1.205 — 1
De 1871 à 1880...	2.663 — 6	1.018 — 2	1.645 — 4
De 1881 à 1890...	2.236 — 7	1.117 — 8	1.118 — 9
En 1891..........	234 — 8	103 — 4	131 — 4
De 1847 à 1891...	8.262 mill. 3	3.695 mill. 7	4.566 mill. 6

De 1871 à 1891 seulement, la Suisse nous a acheté pour près de 3 milliards (exactement 2 milliards 895 millions) de plus qu'elle ne nous a vendu.

La moyenne des exportations de France en Suisse a été de 1887 à 1892 de 226.000.000.

Quelles ont été, depuis cette époque, les exportations de France en Suisse?

Moyenne de 1887 à 1892. . . .	226.000.000
Années 1893.	172.805.710
— 1894.	129.871.273
— 1895.	163.228.374
— 1896.	179.937.445
— 1897.	190.608.812
— 1898.	200.779.000
— 1899.	204.133.000
— 1900.	211.487.000
— 1901.	216.566.000
— 1902.	230.446.000

Principales exportations françaises en Suisse.

Marchandises	1894	1898	1899	1900	1901	1902
Soies et bourres de soie	39.983.520	43.607.000	50.727.000	51.340.000	45.409.000	55.294.000
Bestiaux	2.019.295	7.079.000	2.458.000	2.844.000	3.256.000	5.415.000
Vins	1.440.705	7.921.000	7.896.000	9.189.000	13.131.000	18.955.000
Outils et ouvrages en métaux	3.152.479	4.148.000	3.899.000	3.484.000	3.130.000	3.240.000
Chevaux	2.304.800	4.319.000	2.515.000	2.136.000	2.318.000	2.387.000
Vêtements et lingerie cousue	2.461.000	3.670.000	3.368.000	2.386.000	2.657.000	2.965.000
Viande	2.174.000	2.783.000	2.683.000	3.403 000	3.780.000	3.968.000
Horlogerie	1.887.000	4.460.000	5.749.000	3.907.000	3.905.000	3 270.000
Céréales	383.000	987.000	862.000	921.000	948.000	576 000
Sucres	524.000	5.563.000	4.810.000	6.197.000	5.862.000	4.849.000
Légumes frais ou conservés	1.148.000	1.620.000	1.257.000	1.339.000	1.542.000	1.719.000
Peaux préparées	671.000	3.883.000	4.286.000	3.670.000	4.608.000	5.004.000
Colis postaux	2.390.000	12.366.000	12 078.000	16.495.000	22.691.000	19.521.000

Voici d'autre part le tableau des :

Importations de Suisse en France.

Moyenne de 1887 à 1892. . . .	Fr.	100.000.000
Années 1893.		74.861.328
— 1894.		66.650.324
— 1895.		67.268.811
— 1896.		75.409.204
— 1897.		78.577.435
— 1898.		81.624.000
— 1899.		88.822.000
— 1900.		107.229.000
— 1901.		102.825.000
— 1902.		100.536.000

V

En Suisse, dès 1899, un très vif courant s'est dessiné contre le maintien de la convention commerciale avec la France. On exploitait déjà ce fait (1) que, alors que nos exportations en Suisse ont augmenté de 20 0/0 par rapport au chiffre de 1894, et de 50 0/0 par rapport au chiffre de 1893, les importations de Suisse en France ont augmenté

(1) Voici de quelle façon les journaux suisses en 1895 annonçaient la Conférence dont le résultat devait aboutir à la rédaction du Tarif général proposé au vote du Conseil fédéral. *Berne, 18 mars.*

Samedi se sont réunis en conférence, sous la présidence de M. Deucher, conseiller fédéral, les présidents des trois grandes associations économiques de la Suisse ; la Société du Commerce et de l'Industrie, la Société des Arts et Métiers et la Fédération des Agriculteurs, ainsi que les secrétaires permanents de ces associations et quelques représentants de branches spéciales.

La conférence doit discuter le programme de l'enquête à organiser au sein de ces Sociétés en vue des travaux préparatoires à la revision des traités de commerce ; la question sera alors discutée dans les Sections, sur la base de ce programme. Deux questions principales se posent : 1° La conséquence économique des traités de commerce ; 2° Les vœux et désirs relatifs à l'établissement de notre propre tarif de douanes.

Les secrétariats permanents devront indiquer la marche à suivre pour obtenir une discussion uniforme et consciencieuse des questions posées. L'enquête devra être terminée le 1er janvier 1900.

La conférence présidiale aura alors à coordonner, le plus possible, les demandes des trois grands groupes intéressés et à présenter un rapport au Conseil fédéral. On peut donc prévoir que le Conseil fédéral pourra, en automne 1900, examiner le résultat de l'enquête et la discussion qui aura eu lieu dans les Sociétés.

seulement de 17 0/0 par rapport à 1894 et de 7 0/0 par rapport à 1893. On faisait ressortir en même temps que la Suisse avait beaucoup moins souffert que la France de la rupture commerciale.

Il est bien certain que la France a bénéficié dans une très large proportion de la convention de 1895. On en a pu juger par les tableaux statistiques qui précèdent.

Il convient aussi que les Suisses n'oublient pas que, après notre désaccord de 1893, leurs importations dans notre pays diminuèrent dès 1892 de 25 0/0 et en 1894 de 33 0/0.

Depuis 1895 le chiffre des importations qui était tombé à 67 millions s'est élevé en 1902 à plus de 100 millions et dépasse en 1903 : 107 millions.

On ne peut pas dire que la convention de 1895 n'ait pas très sérieusement profité aux deux Républiques liées entre elles depuis si longtemps par une amitié aussi étroite et des intérêts aussi intimes.

En résumé, le Tarif général, tel que nous l'avons examiné dans ses principales lignes, est la consécration du protectionnisme le plus exagéré, le plus agressif et le plus intransigeant.

S'il devait devenir une réalité, il faudrait supposer que le peuple suisse a les moyens de s'isoler et de se passer du reste du monde, de vivre de ses propres et seules ressources et qu'il accepte de gaieté de cœur de décréter pour tous ses nationaux la vie au plus haut prix possible et l'état de guerre avec ses voisins et ses amis.

Si, ce qui est plus probable, le Tarif général suisse n'est qu'une façade, qu'un prétexte à débats et à marchandages, qu'une arme de combat pour les discussions futures et un épouvantail à l'usage des négociateurs helvétiques, il est opportun et nécessaire que les commerçants et les industriels français protestent, d'une voix unanime, contre ce retour vers un passé heureusement oublié et aboli et s'unissent sans retard pour conjurer les effets du nouveau Tarif général des douanes suisses, qui menace de la façon la plus grave les intérêts et la prospérité de notre commerce et de notre industrie.

Mayenne, Imprimerie Ch. COLIN.

BIBLIOTHÈQUE NATIONALE R.F. IMPRIMÉS

Mayenne, imprimerie Ch. Colin.

www.ingramcontent.com/pod-product-compliance
Lightning Source LLC
LaVergne TN
LVHW021529140926
848035LV00047B/1269

9782014027167